Gerhard A. Spiller

Der Minnesang des Frosches

Gerhard A. Spiller wurde 1964 im niedersächsischen Ölsburg geboren. Seit Beendigung seines Studiums der Verwaltungswissenschaft in Konstanz am Bodensee arbeitet er als Beamter in einer niedersächsischen Kommunalverwaltung. Er ist Mitglied der Deutschen Haiku-Gesellschaft, der Gesellschaft für zeitgenössische Lyrik sowie der Schlaraffia Peine.

Besuchen Sie ihn auf: <u>www.gerhard-spiller.de</u>

Gerhard A. Spiller

Der Minnesang des Frosches

Haiku über Frösche

Herstellung und Verlag: BoD – Books on Demand,
Norderstedt

Printed in Germany

ISBN 978-3-7543-2254-3

Titelfoto: Antje Spiller

Inhaltsverzeichnis

Vorwort

Es ist kaum zu glauben, wie schnell die Natur Flächen in Besitz nimmt, wenn man sie nur gewähren lässt. So ist es mit unserem Gartenteich gegangen: Ursprünglich nur zur Zierde mit Pflanzen angelegt, nutzten ihn die Vögel als Tränke und Badeteich. So dauerte es nur ein knappes Jahr, bis der erste Frosch seinen Gesang ertönen ließ. Wahrscheinlich hatten die badenden Vögel Froschlaich in ihrem Gefieder gehabt, der beim Baden in unseren Teich gelangt war.

Aus einem Frosch wurde binnen Jahresfrist eine Dreiergruppe, die danach weiter angewachsen ist. Inzwischen besteht der Teich seit rund fünf Jahren, und in dieser Zeit ist die Froschpopulation auf mindestens acht Tiere angewachsen. Anfangs hatten wir die Befürchtung, dass ihr Quaken die Nachbarn verärgern könnte, aber das genaue Gegenteil ist der Fall.

Seit dem Auftauchen des ersten Frosches sitzen wir sehr oft am Teich. Dann wird immer Ausschau nach den Fröschen gehalten, die ihrerseits sehr interessiert uns beobachten. Sie wissen, dass wir ihnen nichts tun, ganz im Gegenteil: Sollte in sommerlicher Hitze der Wasserpegel des Teiches fallen, füllen wir ihn unverzüglich auf.

Im Laufe der Zeit haben sich zu den Fröschen noch Molche, Wasserläufer und andere Tiere hinzugesellt. Auch Libellen werden von dem kleinen Gewässer in unserem Garten angelockt, was das Verweilen am Teich immer kurzweilig macht.

Ja, wir mögen unsere Teichbewohner, und ganz besonders die Frösche. Es dauerte nicht lange, und es entstand das erste Haiku über sie. Im Laufe der Zeit sind dann immer mehr Texte entstanden, die sich ihnen in den unterschiedlichen Jahreszeiten gewidmet haben. Irgendwann kam mir schließlich die Idee, den Fröschen einen ganzen Band mit Haiku zu widmen. Das Ergebnis liegt nun mit diesem Titel vor.

Da ich alle meine Haiku im traditionellen Silbenrhythmus 5-7-5 schreibe, habe ich den prominentesten Vertreter dieser Kategorie, nämlich Ingo Cesaro, um ein Geleitwort gebeten. Er hat sich dazu sofort bereiterklärt, wofür ich ihm ganz herzlich danke!

Ilsede, im Juli 2021
Gerhard A. Spiller

Geleitwort von Ingo Cesaro

Denkt man an Frösche im Zusammenhang mit traditionellen japanischen Haiku, fällt einem sofort Matsuo Bashos (1644-1994) bekanntestes Haiku ein:

> Alter Weiher,
>
> ein Frosch springt,
>
> Wasser platscht.

Daran mag Gerhard A. Spiller im Entferntesten gedacht haben, als er über einen längeren Zeitraum seine Frösche im Gartenteich beobachtete. In aller Gelassenheit, seinen Fröschen abgeschaut, beschreibt er diese, als wären es seine Haustiere.

Vom Sommer bis zum Frühjahr begleitet er sie und sie ihn in der klassischen Haiku-Form, also im Silbenrhythmus 5-7-5. In diesem Silben-Rhythmus beweist sich auch die Stärke seiner Naturbeobachtungen mit den ‚Kigo'.

Der Autor schreibt ohne jegliche Hetze, in einfachster Sprache und in großer Ruhe. Er scheut sich auch nicht vor Wiederholungen einzelner Beobachtungen. Das kennt jeder, der über längere Zeit in der Natur intensiv Beobachtungen durchführt hat. Immer wieder setzt er Füllworte ein, diese beleben die Melodie seiner Beobachtungen, seiner Haiku.

Im Frosch-Rhythmus stundenlang bewegungslos verharren, um dann mit einem Sprung Beute in der Luft zu fangen. Ja, wir beobachten beim Lesen Gerhard A. Spiller und seine Frösche in beider Gelassenheit. Wir werden nicht umhin kommen, zwischendurch mal ein ‚Platsch' zu hören, so, als würde ein Frosch ins Wasser springen, obwohl er noch immer bewegungslos auf dem Stein sitzt. Daran dürfte Bashos Haiku schuld sein.

Kronach, im Juli 2021
Ingo Cesaro

Sommer

Der Teich wirkt ganz still,

geduldig wartet der Frosch.

Sorglose Fliege.

***

Der Frosch hat Hunger,

Ausschau nach einer Fliege.

Blitzschnell schnappt er zu.

***

Still wartet der Frosch
im Schutze der Teichrose.
Jemand ist am Teich.

***

Ein Schläfchen im Gras.
Etwas ist auf meiner Hand:
Ein mutiger Frosch!

***

Schnell taucht der Frosch ab,
am Himmel ist ein Schatten.
Vielleicht ein Fressfeind.

***

Rasch duckt er sich ab,
versteckt sich im hohen Gras.
Ein Frosch auf Landgang.

***

Gefährliches Sonnenbad

Haiku-Trilogie

1

Hell strahlt die Sonne,
am Teichrand sonnt sich ein Frosch.
Im Blick des Katers.

2

Anschleichender Feind,
doch der Frosch hat ihn bemerkt.
Entspannt, doch wachsam.

3

Ein beherzter Sprung,

der Frosch landet im Wasser.

Enttäuschter Kater.

***

Stilles Froschtreiben,

vom Teichrand schaue ich zu.

Beredtes Schweigen.

***

Badende Vögel,

wild spritzt das Wasser umher.

Ein erboster Frosch.

***

Früh am Morgen Lärm,

Arbeiten an der Straße.

Der Teich als Bunker.

***

Baulärm beim Nachbarn,

unbeeindruckte Frösche.

Es kümmert sie nicht.

***

Ein dösender Frosch
im hellen Licht der Sonne.
Plötzlich schnappt er zu!

***

Sanft weht der Zephir,
haucht über den kleinen Teich.
Ein Frosch genießt es.

***

Ein Frosch am Ufer,
er blinzelt in die Sonne.
Stein als Sonnenbank.

***

Strenge Aurora,
das Teichwasser verdunstet.
Angst ums Zuhause.

***

Ein Sommerregen,
die Frösche sind sehr erfreut.
Der Wasserstand steigt.

***

Im Schein der Sonne
nutzen Menschen jeden See,
den Teich nur Frösche.

***

Im Schein der Sonne

kräuselt der Zephir den Teich.

Den Frosch stört es nicht.

***

Leise weht der Wind,

die Teichpflanzen wiegen sich.

Ein Frosch schwimmt vorbei.

***

Glühende Hitze,

das Wasser im Teich ist warm.

Ein Frosch schwimmt darin.

***

Heller Sommermond,

der Teich kühlt nun langsam ab.

Den Frosch stört es nicht.

***

Ich liege im Gras,

ein Frosch döst auf einem Stein.

Alles ist friedlich.

***

Schwimmbewegungen

mit den Armen und Beinen.

Von Fröschen gelernt.

***

Ich gehe zum Teich,

überall springen Frösche.

Sie sind vorsichtig.

***

Über meinen Teich

wandert der Strahl der Sonne.

Das lockt den Frosch an.

***

Hindernisschwimmen,
die Pflanzen breiten sich aus.
Den Frosch stört es nicht.

***

Badende Vögel
irritieren die Frösche.
Verlockendes Nass.

***

Heißer Sommer

Haiku Trilogie

1

Verdorrte Pflanzen,
die Sonne verbrennt das Land.
Der Teichpegel fällt.

2

Entsetzte Frösche,
sie haben Angst um ihr Heim.
Ausgeliefertsein.

3

Der Teich wird befüllt,

Menschen leiten Wasser ein.

Dankbare Frösche.

***

Die Seerose blüht,

Insekten umschwirren sie

- und ein Frosch lauert…

***

Ein zaghaftes ‚Quak'

weht vom Teich herüber.

Der Jungfrosch übt noch.

***

Der kleine Frosch schläft

auf dem Blatt der Teichrose.

Oder ist er wach?

***

Die Sonne wandert,

der Teich liegt nun im Schatten.

Zurück ins Wasser.

***

Ein Hitzerekord,

den Fröschen wird es zu heiß.

Sprung ins kühle Nass.

***

Vom Teich schallt Gesang,

aus den Bäumen Gezwitscher.

Tierische Vielfalt.

***

Er springt in den Teich,

verfehlt nur knapp einen Molch.

Ein Mehrartenteich.

***

Trockener Ostwind

umweht warm den kleinen Teich.

Gelassener Frosch.

***

Endlich dreht der Wind,
jetzt kommen Regenwolken.
Regen füllt den Teich.

***

Es ist sehr trocken,
wir haben wieder Ostwind.
Ob der Frosch das weiß?

***

Ein Sommerregen
beendet das Sonnenbad.
Ein Frosch taucht schnell ab.

***

Wir haben Ostwind,
vom Himmel strahlt Aurora.
Ein Frosch genießt es.

***

Nur Nieselregen,

kaum Frischwasser für den Teich.

Warten auf Kühlung.

***

Die Sonne brennt heiß,

die Katzen trinken gierig.

Der Teichpegel fällt.

***

Kinder essen Eis,

ein Frosch fängt eine Fliege.

Jedem das Seine.

***

Lauer Sommerwind

bei hoher Temperatur.

Idyllischer Teich.

***

Herbst

Es weht frischer Wind,

die Frösche sind abgetaucht.

Es ist still am Teich.

***

Ein Regenschauer,

es freut sich der Frosch im Teich

über Frischwasser.

***

Mein Nachbar hackt Holz,

die Frösche sind gelassen,

haben Vertrauen.

***

Wie kleine Boote

schwimmen Blätter auf dem Teich.

Tarnung für den Frosch.

***

Vögel am Himmel,
ein Frosch blickt fragend hinauf.
Er bleibt dem Teich treu.

***

Ohne Vorwarnung
schlägt irgendwo ein Blitz ein.
Kein Frosch mehr in Sicht.

***

Das Wetter frischt auf,

doch den Teichfrosch stört es nicht.

Er taucht einfach ab.

***

Wieder kalter Wind,

trotzdem zeigt sich mir ein Frosch.

Wir blicken uns an.

***

Das Licht von Blitzen

lässt die Nacht zum Tag werden.

Ängstliche Frösche.

***

Gegen Herbstende

Versuch einer Froschzählung.

Sehr viel Bewegung.

***

Ein stürmischer Wind,

rasch tauchen die Frösche ab.

Schutz auf dem Teichgrund.

***

Seltene Wärme,

schnell ein letztes Sonnenbad.

Der Frosch genießt es.

***

Blätter wirbeln auf,

der Wind weht sie in den Teich.

Ein Frosch erschrickt sich.

***

Das Laub färbt sich rot,

der Wind wird immer kühler.

Kein Sonnenbad mehr.

***

Langsam wird es kalt,

den Tieren wächst Winterfell.

Nur nicht den Fröschen.

***

Es wird jetzt kühler,

die Zugvögel fliegen los.

Die Frösche bleiben.

***

Ein Algenteppich
treibt im kleinen Teich umher.
Gelassener Frosch.

***

Verdeckte Sonne,
Ende eines Sonnenbads.
Ein enttäuschter Frosch.

***

Ein Herbststurm zieht auf,

schon beugen sich die Bäume.

Rasch taucht ein Frosch ab.

***

Es weht der Herbstwind,

den Fröschen wird es zu kalt.

Sie springen ins Nass.

***

Die Stockrose kippt

und landet im kleinen Teich,

erschreckt einen Frosch.

***

Schnaufender Igel,

ein Frosch beobachtet ihn.

Tierische Vielfalt.

***

Es naht der Winter,

doch noch scheint die Herbstsonne.

Ein letzter Genuss.

***

Schweres Gewitter,

Blitze zucken vom Himmel.

Stille am Teichgrund.

***

Es weht starker Wind,

lässt das Teichwasser schwappen.

Frösche schauen zu.

***

Vergilbte Blätter

werden auf den Teich geweht.

Der Frosch spürt Kühle.

***

Verkürzte Tage,

die Sonne versinkt früher.

Den Fröschen wird kalt.

***

Es weht kühler Wind,

die Frösche fühlen den Herbst.

Gespür für die Zeit.

***

König Herbst ist da,

die Teichrosen sind verblüht.

Wo sind die Frösche?

***

Bedeckter Himmel,

es droht starker Regenfall.

Dem Teich fehlt Wasser.

***

Der Abend bricht an,
nebenan bellt Nachbars Hund.
Ein Frosch antwortet.

***

Von des Nachbarn Teich
weht Froschquaken herüber.
Laut schallt die Antwort.

***

Ein stürmischer Wind
vertreibt einen Frosch vom Stein.
Rückzug ins Wasser.

***

Schon naht der Winter,
die kühle Luft belegt es.
Frierende Frösche.

***

Kühle Herbstwinde
kündigen den Winter an.
Ein letzter Landgang.

***

Bäume wiegen sich,
der Wind wird immer stärker.
Wellen auf dem Teich.

***

Verblühte Blumen,

bedeckt von gelben Blättern.

Am Rand des Teiches.

***

Trostloser Garten,

gelbe Blätter als Farbklecks

- und ein grüner Frosch.

***

Still ruhen Blumen,

der Garten legt sich schlafen.

Ein Frosch belebt ihn.

***

Es wütet ein Sturm,

Zweige wirbeln durch die Luft.

Einschlag in den Teich.

***

Kühler Sonnenstrahl,

Vorgeschmack auf den Winter.

Doch kein Sonnenbad.

***

Ein kühler Abend

lässt den Frosch früh abtauchen.

Ruheplatzsuche.

***

Es wird langsam kalt,

der Frosch spürt die Erstarrung.

Rasch sucht er nach Schutz.

***

Eben abgetaucht

taucht er bald zum Atmen auf.

Noch Lungenatmung.

***

Ein leichter Nebel
liegt über dem Gartenteich.
Man hört einen Frosch.

***

Ein blattloser Baum,
Licht fällt auf den kleinen Teich,
beleuchtet den Frosch.

***

Winter

Klirrende Kälte,

Eisschicht auf dem kleinen Teich.

Sorge um den Frosch!

***

Still liegt der Teich da,

wirkt einsam und verlassen.

Getarnte Frösche.

***

Schnee bedeckt den Teich,

wie wohl die Frösche atmen?

Wunder der Natur.

***

Bittere Kälte,

der Teich ist von Eis bedeckt.

Ein banges Harren.

***

Gefrorener Teich,

ein erstarrter Lebensraum.

Wir kennen es schon.

***

Das Froschdomizil,

versiegelt mit Eis und Schnee.

Überlebenskampf.

***

Geschmolzener Schnee,
der Teich liegt noch unter Eis.
Kein Frosch ist in Sicht.

***

Still ruht der Garten,
ich vermisse das Quaken.
Sehnsucht nach dem Frosch.

***

Der Klimawandel

beschert uns milde Winter.

Was denken Frösche?

***

Wärme im Hornung,

ein Frosch erklimmt einen Stein.

Er will sich sonnen.

***

Die Eisschicht taut auf,
die Oberfläche wird frei.
Kein Frosch ist in Sicht.

***

Vollmond im Christmond,
helles Licht hüllt den Teich ein.
Grell glitzert das Eis.

***

Im Schein des Mondlichts
glänzt hell das Eis auf dem Teich.
Mir fehlt das Quaken!

***

Eisschicht auf dem Teich,
Schneeflocken legen sich ab.
Wo sind die Frösche?

***

Die Nacht bricht herein,

leise rieselt Schnee herab.

Der Teich färbt sich weiß.

***

Bittere Kälte,

die Sonne hat keine Kraft.

Nichts rührt sich im Teich.

***

Es tobt ein Schneesturm,

ungemütlicher Garten.

Der Frosch versäumt ihn.

***

Dichte Schneedecke,

der Frosch will sie nicht sehen.

Er bleibt am Teichgrund.

***

Ein neuer Winter,

doch der letzte war recht mild.

Die Frösche hoffen.

***

Die Luft erwärmt sich,

der Teich ist halb aufgetaut.

Es zeigt sich ein Frosch.

***

Eisschicht auf dem Teich,

darauf ein entschlüpfter Ball.

Vom Frosch unbemerkt.

***

Kinder auf dem Eis,

es ist für sie fest genug.

Am Grund schläft ein Frosch

***

Dicke Schneedecke,

kein Blick für diese Schönheit.

Am Grund des Teiches.

***

Trotz der Schneedecke

tollt ein Hund bellend herum.

Kein Frosch antwortet.

***

Regen statt Schneefall,
der Winter ist viel zu warm.
Verwirrte Frösche.

***

Schneeflocken fallen
wie kleine Fallschirmspringer.
Landung im Froschteich.

***

Wieder weht Ostwind,

treibt trockene Kälte an.

Eisschicht auf dem Teich.

***

Starkes Schneetreiben,

der Teich ist kaum zu sehen.

Angst um die Frösche.

***

Sonne am Himmel,

trotzdem klirrende Kälte.

Der Frosch spürt sie nicht.

***

Der Silvestertag,

gefeiert mit Feuerwerk.

Erwachen Frösche?

***

Winterdämmerung,

still ruht unser kleiner Teich.

Scheinbar regt sich nichts.

***

Endlich Weihnachtszeit,

alle Menschen freuen sich.

Sie ist Fröschen fremd.

***

Der Weg voller Schnee

führt direkt zum kleinen Teich.

Alles liegt still da.

***

Die Kälte lässt nach,

doch am Teich bleibt alles still.

Zu früh für Frösche.

***

Kälte, doch kein Schnee,

leider auch kein Froschkonzert.

Entzugserscheinung.

***

Kalte Jahreszeit,

der Teich ruht still unter Eis.

Frösche ruhen auch.

***

Reflektiertes Licht,

es lässt den Garten leuchten.

Gerade am Teich.

***

Der Schnee strahlt in Weiß,

es knirscht unter den Schuhen.

Kein Frosch erschreckt sich.

***

Frühling

Der Teich ist recht neu,

letztes Frühjahr angelegt.

Jetzt quakt dort ein Frosch.

***

Der Frühling beginnt,

es zeigt sich der erste Frosch.

Ich begrüße ihn.

***

Während der Frosch singt,

nähert sich ein Rivale.

Flucht statt Minnesang.

***

Eben saß er dort,

nun ist der Frosch wieder fort.

Er ist wohl schreckhaft.

***

Nur ein feuchter Fleck

verrät des Frosches Absicht.

Er ist jetzt an Land.

***

Mild strahlt die Sonne,

sofort regen sich Blumen

- und auch die Frösche.

***

Lautes Froschkonzert.

Lächelnd lauscht ein junges Paar

der Liebesmelodie.

***

Geblähte Backen,

dann schwillt der Gesang rasch an.

Ein Minnesänger.

***

In lauer Lenznacht,

verweilen am kleinen Teich.

Von Fröschen beäugt.

***

Laut erschallt am Teich

der Minnesang der Frösche.

Starke Konkurrenz.

***

Durch das hohe Gras

bewegt sich etwas Grünes.

Frosch auf Erkundung.

***

Ein regloser Frosch,

die Fliege ist ihm ganz nah.

Plötzlich schnappt er zu.

***

Bei sanftem Windhauch
schaukelt sanft der Laich im Teich.
Eine Libelle naht.

***

Zwischen Teichrosen
versteckt sich ein kleiner Frosch,
alles beäugend.

***

Der Frosch ist wachsam,

hat die Umgebung im Blick.

Hier gibt es Katzen.

***

Am Teich sitzt ein Frosch,

laut schallen seine Rufe,

hallen durch die Nacht.

***

Beim Schein der Sonne
quakt am Teich ein kleiner Frosch.
Erste Brautwerbung.

***

Laut klingt er vom Teich,
der Minnesang des Frosches.
Brautwerbung im Mai.

***

Der Frühling zieht ein,

im Schilf singt der Frösche Chor,

bringt ihm ein Ständchen.

***

Er hüpft aus dem Teich,

nähert sich mir ganz langsam.

Er möchte Kontakt.

***

Frühlingsgefühle,

im Garten quakt ein Froschmann.

Ob sie ihn erhört?

***

Am frühen Abend

sitzen zwei Menschen am Teich.

Ein Frosch sieht sie an.

***

Es naht der Abend,

am Teich quakt ein kleiner Frosch.

Lieblicher Gesang.

***

Balz um ein Weibchen,

beide geben ihr Bestes.

Ein anderer siegt.

***

Froschlaich auf dem Teich,

für Libellen ein Festmahl.

Machtlose Frösche.

***

Er macht sich bereit,

aufgeblasene Backen

- sein Gesang beginnt.

***

Frischer Blumenduft

schwebt um des Frosches Nase.

Neue Lebenslust.

***

Geblähte Backen,

gleich kommt er groß in Fahrt.

Gespanntes Warten.

***

Das Gras ist recht hoch,

von der Sonne gut gewärmt.

Ein Frosch hüpft davon.

***

Quaken in der Nacht,

der Chor der Jungfrösche singt.

Minnesang am Teich.

***

Ein Wildentenpaar

begehrt meinen Gartenteich.

Empörte Frösche!

***

Die Wäscheleine

dicht über dem Teich gespannt

schützt ihn vor Enten.

***

Eindringlinge

Haiku-Hexalogie

1

Ein Wildentenpaar

will den Teich als Zuhause.

Empörte Frösche!

2

Der Enten Notdurft

bringt Teiche zum Umkippen,

zerstört Lebensraum.

3

Die Frösche schimpfen,

doch letztlich sind sie machtlos.

Enten sind stärker.

4

Viele Versuche,

die Enten zu vertreiben.

Die Menschen scheitern.

5

Der Kater am Teich

erschreckt das Wildentenpaar.

Er hat mehr Erfolg.

6

Die Frösche jubeln,

der Kater beschützt ihr Heim.

Es kehrt Ruhe ein.

***

Lautes Froschquaken,

die Nacht trägt den Schall weit fort.

Manch ein Mensch leidet.

***

Sanfter Wellengang,

ein Frosch schaukelt hin und her.

Er ist leider tot.

***

Algen im Wasser,

darin kleine Froschbabys.

Ein ängstlicher Blick.

***

Ein schüchterner Blick

trifft mich von dem kleinen Frosch.

Er studiert die Welt.

***

Zwischen all dem Laich
treibt ein toter Frosch im Teich.
Zyklen des Lebens.

***

Er ist Musikant,
klein, grün und sehr engagiert.
Laut dröhnt sein Gesang.

***

Sanft weht der Zephir,

lässt die Frösche erwachen.

Der Teich belebt sich.

***

Das Gras ist recht hoch,

ich muss den Rasen mähen.

Rasch flüchtet ein Frosch.

***

Die Knospen sprießen
unter dem sanften Windhauch.
Auch der Teich erwacht.

***

Bei sanftem Lenzwind
sitzt ein junges Paar am Teich,
lauscht dem Froschgesang.

***

Frühlingsgefühle
bei allen Teichbewohnern.
Mal laut, mal leise.

***

Mit hellem Zwitschern
ehren die Vögel den Lenz.
Laut stimmt ein Frosch ein.

***

Reich gedeckter Tisch:

Spinnen, Fliegen und viel mehr.

Nahrung für Frösche.

***

Ein neuer Lenzmond,

erster Gang zum kleinen Teich.

Ausschau nach Fröschen.

***

Endlich Sonnenschein,

ob es den Fröschen gut geht?

Endlich ein Quaken!

***

Der Frühling ist da,

es beginnt reges Treiben.

Auch im kleinen Teich.

***

Vom gleichen Autor sind erschienen:

Heinrich Spiller – Schuhmacher und Heimatdichter aus dem Kreis Grottkau/Oberschlesien
ISBN 978-3-7322-6996-9 (vergriffen)

Elysische Impressionen, Ausgewählte Haiku.
ISBN 978-3-7392-6893-4

Sinnliche Holdseligkeit, Liebeslyrik in Form von Haiku.
ISBN 978-3-7412-7164-9

Ich grüße den Uhu, Fechsungen für die Sippungen der Schlaraffia.
ISBN 978-3-7412-9363-4

Es schnurrt die Samtpfote, Haiku über Katzen und Kater.
ISBN 978-3-7519-0730-9

Impressionen des Seins, Lyrische Daseinsbetrachtungen.
ISBN 978-3-7519-8009-8

Kirschblüten im Eichenwald, Haiku im Zeichen der vier Jahreszeiten.
ISBN 978-3-7519-7789-0

Mitherausgeber der
Heinrich-Spiller-Werkausgabe

Band 1:

Schläsische Gedichte und Geschichten.

ISBN 978-3-7357-6755-4

Band 2:

Hochdeutsche Gedichte und Geschichten.

ISBN 978-3-7386-8613-5

Band 3:

Mein Heimatdorf und seine Umgebung.

ISBN 978-3-7392-7428-7

Band 4:

Autobiographische Texte.

ISBN 978-3-7392-6079-2